초등 과학 교과 연계
3학년 1학기 3. 동물의 한살이 **2학기** 2. 동물의 생활
5학년 1학기 5. 다양한 생물과 우리 생활 **2학기** 2. 생물과 환경

_____ 학년 _____ 반

이름 _____

김혜영 글
성균관대학교에서 아동학을 전공하고, 출판사에서 오랫동안 어린이 과학 책을 만들었습니다. 이야기를 읽는 것, 쓰는 것 모두 좋아합니다. 지은 책으로 《개미 세계 탐험북》, 《장수풍뎅이 탐험북》, 《나비 탐험북》, 《하늘소 탐험북》, 《읽자마자 속담 왕》, 《세계 국기 사전》, 《느림보 코뿔소가 최고야》 등이 있습니다.

허현경 그림
고양이 준이와 젠이와 강아지 여름이와 매일 작은 즐거움을 찾으며 살아요. 그린 책으로는 《더 좋은 세상을 만든 착한 발명》, 《왜 유명한 거야, 이 그림?》, 《명절 속에 숨은 우리 과학》, 《얘들아, 모여라! 연극하자!》 등이 있어요.

정보 제공 및 내용 감수에 참여한 국립생태원 임직원
이혜린

미래 생태학자를 위한
벌 탐험북

발행일 2024년 8월 20일 초판 1쇄 발행

엮음 국립생태원
글 김혜영 | **그림** 허현경
발행인 조도순
책임편집 유연봉 | **편집** 최유준 | **본문구성·진행** 김혜영 | **디자인** 나비
사진 국립생물자원관, 원주시(www.wonju.go.kr), Pixabay,
photoAC, Shutterstock, Wikimedia Commons
발행처 국립생태원 출판부 | **신고번호** 제 458-2015-000002호(2015년 7월 17일)
주소 충남 서천군 마서면 금강로 1210 | www.nie.re.kr
문의 041-950-5999 | press@nie.re.kr

ⓒ 국립생태원 National Institute of Ecology, 2024
ISBN 979-11-6698-471-6 73400

※ 이 책에 실린 모든 글과 그림을 저작권자의 허락 없이 무단으로 사용하거나
복사하여 배포하는 것은 저작권을 침해하는 것입니다.

⚠ **주의** 다칠 우려가 있습니다. 본 도서를 던지거나 떨어뜨리지 않도록 주의하십시오.
고온 다습한 장소나 직사광선이 닿는 장소에는 보관을 피해 주십시오.

미래 생태학자를 위한

벌 탐험북

국립생태원 엮음

국립생태원
NIE PRESS

머리말
신비한 벌의 세계를 탐험해요

안녕하세요, 미래 생태학자를 꿈꾸는 어린이 여러분!

꽃과 꽃에서 얻는 달콤한 꿀을 생각하면 어떤 곤충이 떠오르나요? 아마 꿀벌일 거예요. 꿀벌은 이 꽃 저 꽃 돌아다니며 꽃가루받이를 해 주는데, 그 덕분에 꽃들이 열매를 맺을 수 있지요. 천재 과학자 아인슈타인은 꿀벌이 사라지면 인류가 4년 이내에 멸망하게 될 거라고 말했어요. 그만큼 꿀벌은 인간을 포함한 생태계에서 중요한 역할을 해요.

그럼 '붕붕' 커다란 날갯짓 소리와 무서운 독침 하면 떠오르는 곤충은 무엇인가요? 바로 장수말벌이에요. 때로는 덩치 큰 장수풍뎅이나 사슴벌레까지도 피할 정도로 장수말벌은 성질이 사납고 강력한 독침을 가진 곤충계의 폭군이랍니다. 꿀벌과 말벌 외에도 호박벌, 쌍살벌, 땅벌 등 벌의 종류는 무척 다양해요. 이 책을 읽으며 벌에 관한 지식을 쌓아 봐요!

우리는 잘 모르는 것에는 관심도 생기지 않고 사랑할 수도 없어요. 벌을 포함해 우리와 함께 지구에서 살아가는 모든 생물들에 대해서도 마찬가지예요. 더 잘 알면 알수록 점점 더 사랑스럽게 느껴지기 마련이지요.

　이 책은 벌의 신비로운 생태를 공부하고 관찰하며 실험해 볼 수 있도록 안내해 주어요. 이 책을 읽고 나서 벌과 더욱 친해지고, 이 작고 멋진 친구를 소중히 여기게 된다면 좋겠어요. 동물과 식물이 살지 못하는 환경에서는 사람도 살지 못해요. 자연과 사람이 더불어 살아갈 때 지속 가능한 미래를 만들어 나갈 수 있다는 것을 꼭 기억하세요.

　자, 그럼 지금부터 '내가 바로 벌 박사!'라고 생각하며 신비한 벌의 세계를 함께 탐험해 볼까요?

국립생태원장 조도순

차례

벌을 탐구해요

붕붕 나는 벌 10
벌은 벌목에 속해요 12
벌의 생김새 14
벌집은 어떻게 생겼을까? 16

 **생각더하기** 말벌은 해충일까, 아닐까? 18

꿀벌이 궁금해요

꿀벌은 사회생활을 해요 22
꿀벌의 한살이 24
영차영차, 열심히 일해요 26
꿀을 만들어요 28

 **생각더하기** 버릴 게 하나 없는 꿀벌 집 30

우리나라의 벌

꿀벌상과 | 구리꼬마꽃벌, 양봉꿀벌, 호박벌 등 34
말벌상과 | 땅벌, 어리별쌍살벌, 장수말벌 등 42
맵시벌상과 | 가락지자루맵시벌, 말총벌, 물귀신검정맵시벌 등 50

 꿀벌이 사라지고 있다고요? 56

스스로 연구하기

꿀벌을 키워 보아요 60
밀랍으로 만들어요 62
벌로 실험해요 64
더 궁금한 것을 탐구해요 68
벌 탐구 퀴즈를 풀어요 70

벌을 탐구해요

벌은 아주 오래전 공룡이 살던 시대부터 나타나 꽃과 함께 진화해 왔어요. 남극 대륙을 제외한 모든 대륙에서 볼 수 있는 벌은 자연에서 가장 성공한 집단 중 하나랍니다. 벌 하면 가장 먼저 떠오르는 건 다리에 꽃가루를 묻힌 채 붕붕 날아가는 꿀벌이에요. 그다음엔 무서운 침을 가진 말벌이 떠오르지요. 벌이 어떤 곤충인지 지금부터 함께 알아볼까요?

붕붕 나는 벌

봄과 여름에 들판이나 숲에 가면 붕붕 소리를 내며 열심히 날아다니는 벌을 볼 수 있어요. 이 꽃 저 꽃으로 옮겨 다니며 부지런히 꽃꿀과 꽃가루를 모으는 건 꿀벌이에요. 다른 곤충들을 물리치고 당당히 참나무 수액을 핥는 건 장수말벌이지요.

> 꿀벌이 꽃꿀과 꽃가루를 모으고 있어요.

양봉꿀벌

귀여운 꿀벌, 무서운 말벌

달콤한 꿀을 만드는 꿀벌은 비록 침은 있지만, 작고 귀여워서 우리에게 친숙한 곤충이에요. 반대로 꿀벌보다 훨씬 덩치도 크고 사나운 말벌은 무시무시한 침 때문에 무서워서 피하게 되지요.

그 밖에 털이 복슬복슬한 호박벌부터 곤충계의 폭군 장수말벌까지, 벌의 종류는 무척 다양하답니다.

장수말벌

아주아주 오래전부터 있었던 벌

벌은 아주 오래전부터 지구에 나타났어요. 북아메리카의 도미니카 공화국에서는 2,000만 년 전에 살던 벌의 화석도 발견되었답니다.

스페인에서 발견된 암각화에는 어떤 사람이 손에 바구니를 들고 절벽의 벌집에서 꿀을 따는 모습이 그려져 있어요. 8,000년 전에도 사람들이 벌집에서 꿀을 모았다는 걸 알 수 있지요.

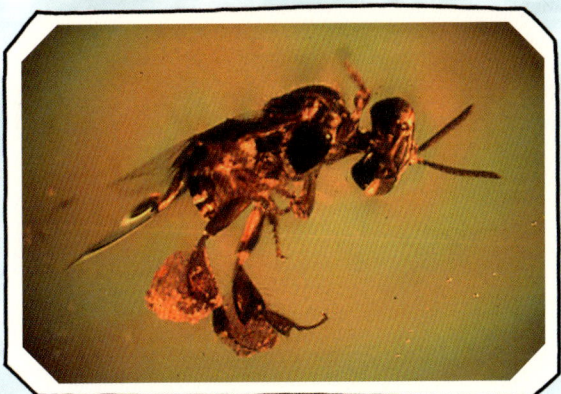

2,000만 년 전 벌이 든 호박 화석

호박은 지질 시대에 나무의 진 따위가 땅속에 묻혀 굳은 투명한 노란색 광물이에요.

벌은 꽃과 함께 진화해 왔어요

곤충과 꽃은 서로 도우며 진화했어요. 벌은 나비와 함께 꽃가루를 이 꽃 저 꽃으로 옮겨 주어 열매를 맺도록 돕는 중요한 역할을 해 왔지요. 또, 잎을 갉아 먹는 각종 애벌레들을 잡아먹어 농사에 도움을 주기도 해요. 농부들이 과일과 채소를 수확할 수 있는 데는 벌의 역할이 무척 큽니다. 어때요, 벌이 없는 삶은 상상할 수도 없지요?

벌은 벌목에 속해요

벌은 벌목에 속해요. 벌목은 절지동물문 곤충강에 속하는 동물 분류의 하나로 벌과 개미를 포함하지요. 벌목에는 여왕을 중심으로 무리 지어 사회생활을 하는 종이 많지만 모든 종류가 사회생활을 하는 것은 아니에요.

벌은 이렇게 분류해요

벌은 '동물계>절지동물문>곤충강>벌목에 속해요.

벌목 곤충 중에서 개미과를 제외한 모든 곤충을 '벌'이라고 해요. 벌목은 허리에 잘록한 부분인 '자루마디'가 있느냐, 없느냐에 따라 벌아목과 잎벌아목으로 나뉘어요. 자루마디가 없는 잎벌아목이 더 원시적인 형태랍니다. 또 꿀을 모으는 벌, 꿀을 모으지 않는 벌 그리고 개미로 구분할 수도 있어요.

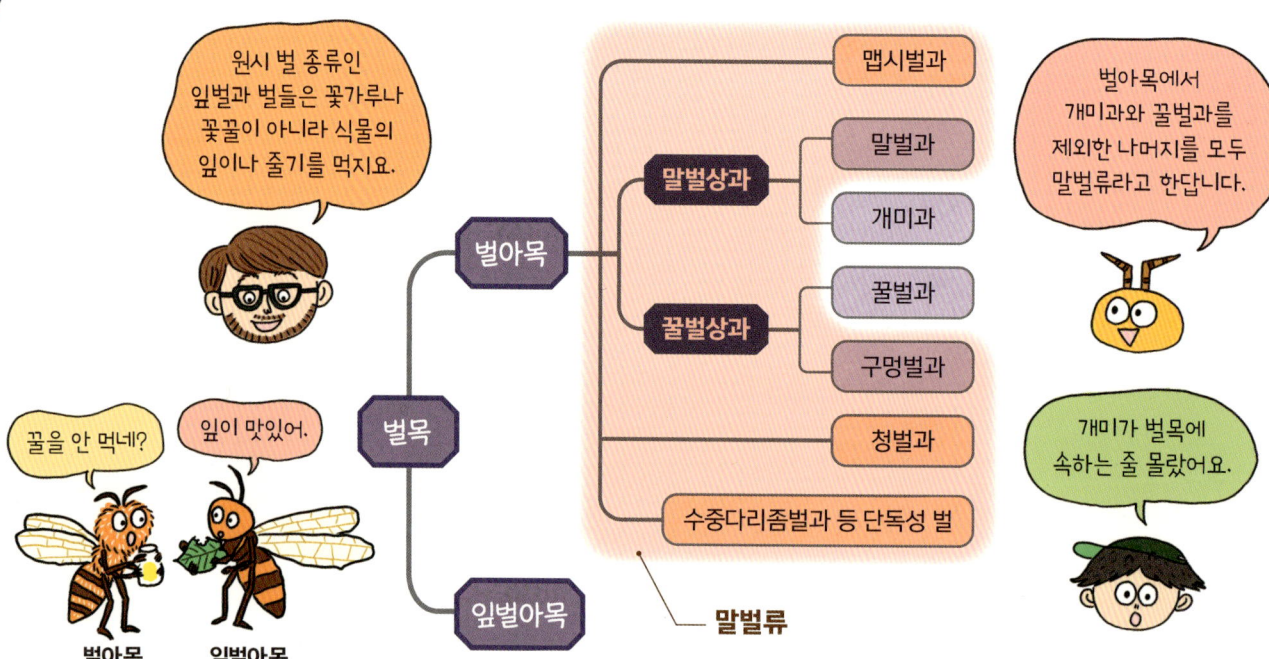

꿀을 모으는 벌

꿀을 모으는 벌이에요. 꿀벌, 호박벌, 가위벌, 떡벌 등 종류가 다양해요.

① 어른벌레의 주식이 꿀이에요. 그래서 꿀을 잘 빨 수 있게 대부분 혀가 긴 대롱처럼 생겼어요.
② 애벌레의 주식인 꽃가루를 잘 모으기 위해 뒷다리에 꽃가루주머니가 있어요.
③ 다른 종보다 털이 길거나 많아서 추위에 잘 견디는 편이에요.

양봉꿀벌

호박벌

꿀을 모으지 않는 벌

꿀을 모으지 않는 벌이에요. 말벌류가 여기에 속하는데 무척 범위가 넓어요. 그런 만큼 종류가 굉장히 다양하지요.

① 애벌레의 먹이가 다른 곤충이나 애벌레예요. 그래서 어른벌레가 사냥을 잘한답니다.
② 꿀을 모으거나 저장하지 않아요. 꿀을 핥아 먹기만 해서 혀가 짧아요.
③ 꽃가루를 모으지 않아서 뒷다리에 꽃가루주머니가 없어요.

두눈박이쌍살벌

장수말벌

개미

개미는 번식을 담당하는 여왕개미와 수개미에게만 날개가 있고 침은 없어요. 꿀벌이나 말벌에 못지않게 종류가 다양해요.

① 종에 따라 먹이의 종류가 다양해요. 애벌레의 먹이도 곤충부터 씨앗까지 다양하답니다.
② 여왕개미와 수개미의 날개는 짝짓기 후 떨어져 버려요. 즉, 날개를 계속 사용하지 않아요.
③ 침이 없는 대신 개미산을 사용해요.

불개미
군대개미

벌의 생김새

모든 곤충이 그렇듯이 벌도 머리, 가슴, 배의 세 부분으로 이루어져 있어요. 말벌은 몸에 털이 많지 않고 꿀벌에 비해 몸집이 커요. 꿀벌은 몸에 털이 많아서 꽃가루를 모으기에 알맞아요.

말벌
- 몸에 털이 적은 편이에요.
- 몸과 날개가 길고 커요.
- 침이 일자형이고 여러 번 쏠 수 있어요.
- 먹이가 필요하면 집단으로 공격해서 매우 위험해요.

꿀벌
- 몸에 털이 많아요. 
- 몸이 둥글고 작은 편이에요.
- 침이 갈고리 모양이고, 한 번만 쏠 수 있어요.
- 먼저 공격받지 않으면 공격하지 않아요.

장수말벌

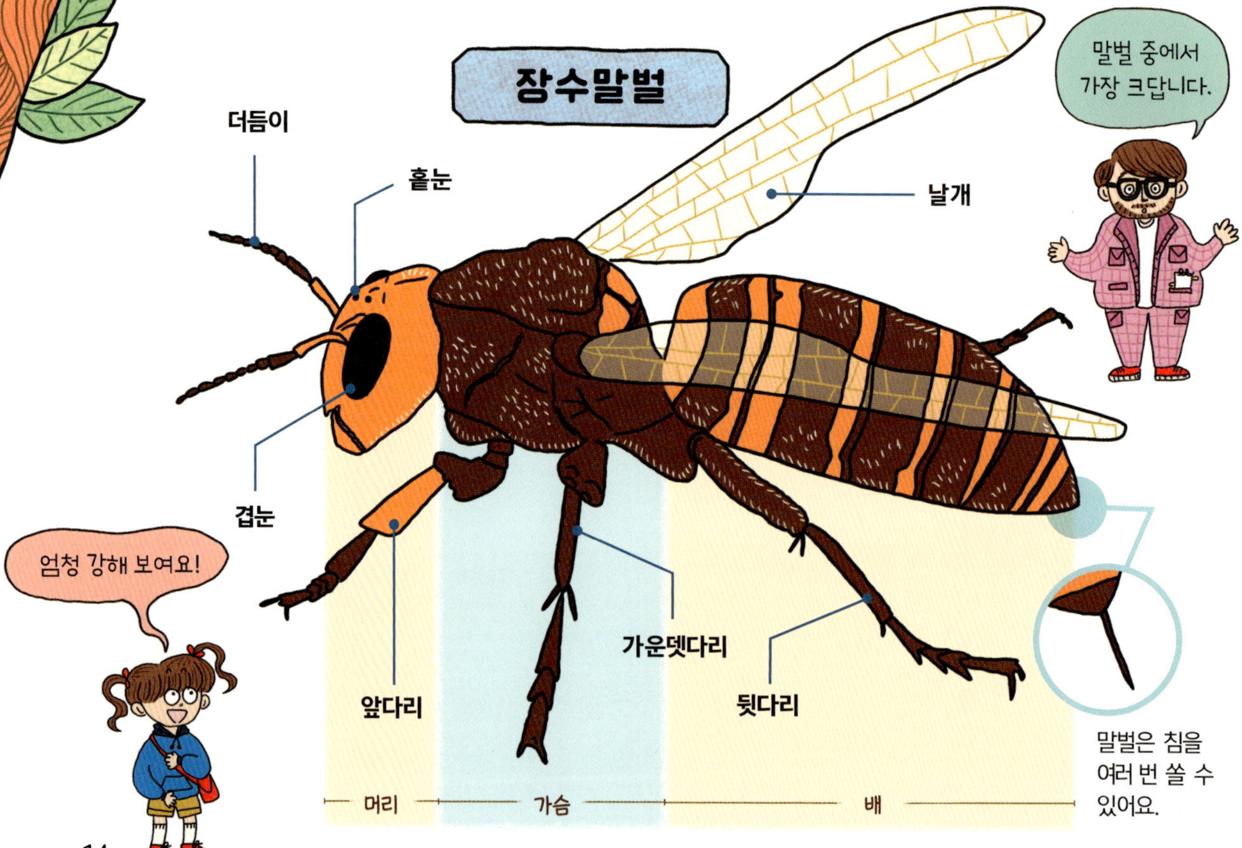

말벌 중에서 가장 큽니다.

- 더듬이
- 홑눈
- 날개
- 겹눈
- 앞다리
- 가운뎃다리
- 뒷다리
- 머리
- 가슴
- 배

엄청 강해 보여요!

말벌은 침을 여러 번 쏠 수 있어요.

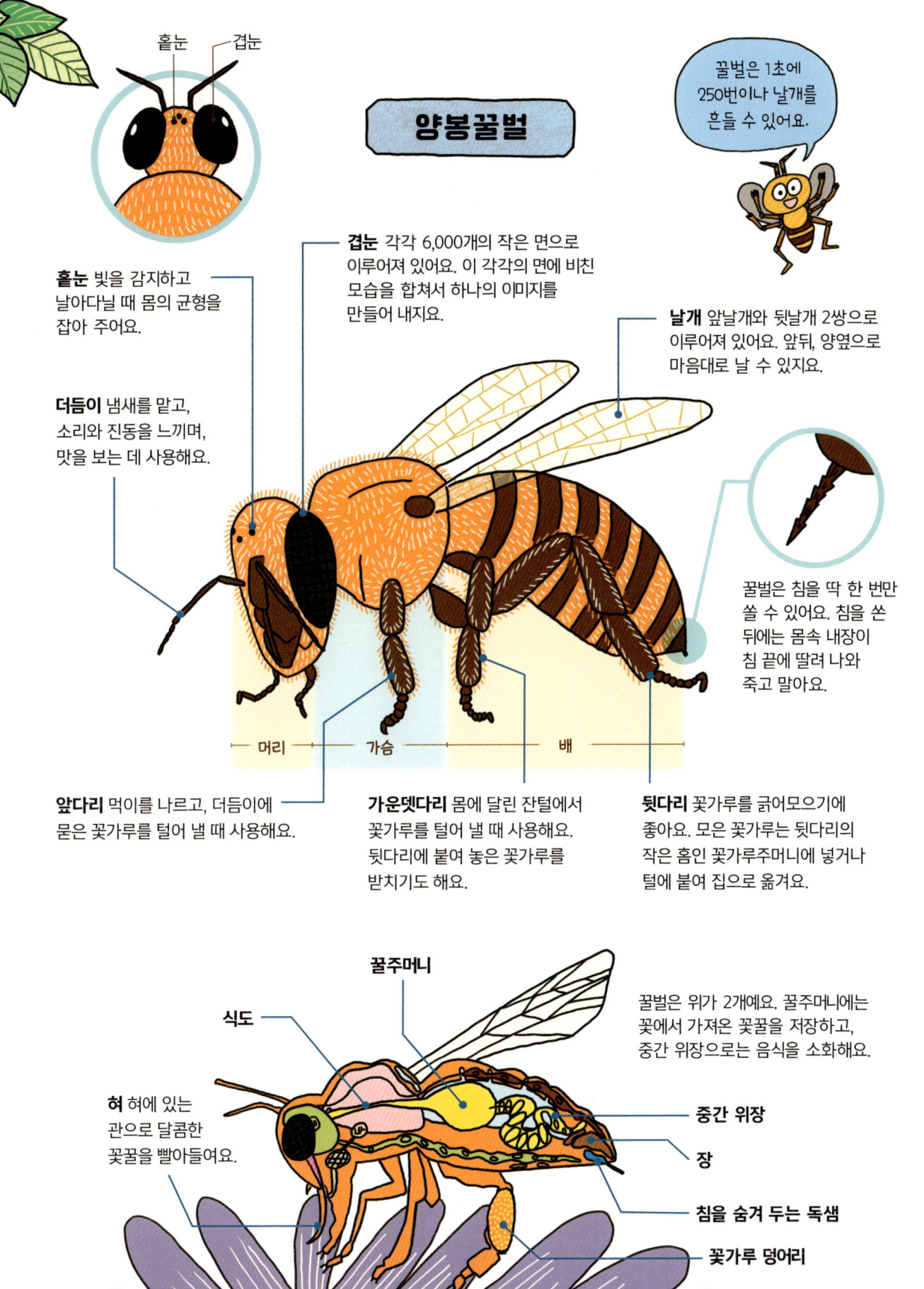

벌집은 어떻게 생겼을까?

벌은 훌륭한 건축가예요. 집을 무척 잘 짓는답니다. 벌의 종류마다 벌집의 생김새가 달라요. 무리 지어 생활하는 벌들은 방이 여러 개 다닥다닥 달린 집을 짓고, 혼자 생활하는 벌은 땅굴을 파거나 진흙으로 집을 짓지요.

집짓기는 일벌의 몫

무리 지어 생활하는 벌들은 힘을 모아 집을 만들어요. 집을 만드는 것은 일벌이에요. 일벌이 하는 일은 다양한데, 집을 짓고 수리하는 것도 그 중 하나랍니다.

꿀벌의 집

야생 꿀벌은 주로 돌 틈이나 나무 속 구멍에 자기 몸에서 나오는 밀랍으로 벌집을 만들어요. 벌집은 달걀판처럼 생긴 판들을 세워 둔 것처럼 생겼는데, 판 양쪽에 수천 개의 작은 육각형 방이 있어요. 어떤 벌집에는 벌이 6만 마리나 살기도 한답니다.

꽃가루방이에요. 벌은 꽃가루를 먹고 단백질을 섭취해요.

난 호박벌이야. 땅속에 집을 짓고 무리를 지어 살아.

꿀벌의 벌집 안의 모든 방은 육각형이어서 빈틈없이 꼭 맞아요.

꿀방은 벌집의 윗부분과 가장자리에 있어요. 벌은 꿀을 먹고 힘을 내지요.

벌들은 서로 더듬이를 맞대고 계속 의사소통을 하며 방을 만들어요.

꿀벌의 집 안에는 밀랍으로 지은 육각형 방이 수천 개나 있어요.

말벌의 집

말벌은 땅속, 나무 구멍, 혹은 건물 외벽 등 다양한 장소에 집을 지어요. 나무껍질, 썩은 나무 등을 씹어 연하게 만든 다음, 다닥다닥 붙여서 집을 짓지요. 집 안은 여러 개의 육각형 방으로 이루어지고, 겉모양은 둥근 공처럼 생겼어요.

뱀허물쌍살벌의 집

나뭇가지나 활엽수 잎 뒷면에 집을 지어요. 회갈색 집이 축 늘어진 모양이 뱀 허물처럼 보이지요. 집이 이렇게 축 처지는 이유는 처음 만든 방에 알을 낳고 부화한 애벌레가 번데기를 거쳐 성충이 되면, 그 방은 빈 채로 두고 새로운 방을 계속 연결하기 때문이에요.

활동 땅벌, 호박벌 등 다른 벌들의 집을 더 조사해 보세요.

말벌은 해충일까, 아닐까?

꿀벌이 궁금해요

인간의 역사를 통틀어 곤충 가운데 꿀벌처럼 친숙한 것이 또 있을까요? 사람에게 없어서는 안 될 존재가 된 곤충도, 환영받는 곤충도 벌 말고는 아마 없을 거예요. 사람들은 달콤한 것을 좋아해서 아주 옛날부터 야생 꿀벌로부터 꿀을 얻었고, 한곳에 정착해 농사를 짓기 시작한 뒤부터는 양봉을 시작했어요. 꿀벌에 관해 함께 알아보아요.

꿀벌은 사회생활을 해요

무리 지어 사회생활을 하는 벌은 꿀벌, 장수말벌, 꼬마쌍살벌, 띠호박벌 등이랍니다.

지금까지 알려진 벌의 종류는 15만 종이 넘어요. 꽃꿀을 먹고 살아 '꿀벌과'로 분류되는 것은 2만 종 정도예요. 그중에서 각 구성원이 맡은 역할을 충실히 수행하고 활발히 의사소통하며 겨울에도 살아남아 집단으로 살아가는 벌 종류는 꿀벌뿐이에요.

벌집 안에는 누가 살까요?

꿀벌은 1만 마리에서 6만 마리 정도가 한 무리를 이루어 살아요. 생김새와 맡은 일에 따라 일벌, 수벌, 여왕벌로 나뉘어요. 일벌은 집 안에서 일하는 집벌과 집 밖에서 일하는 들벌로 다시 나뉘지요. 집벌은 벌집을 청소하고, 여왕벌과 애벌레를 돌보고, 꿀을 만들어요. 들벌은 꽃을 찾아서 꽃가루와 꽃꿀을 모아요. 여왕벌은 무리에 오직 한 마리만 있고 몸집이 가장 커요. 수벌은 한 무리에 약 100마리가 살고 여왕벌과 짝짓기를 하는 게 유일한 역할이에요.

여왕벌 일벌이 주는 먹이를 먹으며 알을 낳아요. 건강한 여왕벌은 최고 4년까지 살며, 평생 100만 개가 넘는 알을 낳아요.

일벌 여왕벌의 시중을 드는 암컷 벌이에요. 벌집의 모든 일을 도맡아 해요. 생식 기능이 없어서 산란관이 침으로 변했어요.

수벌 수컷 벌이에요. 혀가 짧아서 스스로 먹이를 구하지 못하고, 침도 없어요. 짝짓기에 성공한 수벌은 곧 죽고, 성공하지 못한 수벌은 겨울이 되기 전에 쫓겨나요.

여왕벌은 벌들의 여왕이 아니에요

여왕벌은 벌집 하나에 한 마리밖에 없어요. 덩치도 크고 알도 낳는 만큼 특별하다고 할 수 있지만, 실제로 벌집을 다스리는 '여왕'은 아니에요. 벌집에서 일어나는 모든 일을 결정하는 건 일벌이거든요. 일벌이 여왕벌을 돌보는 이유는 알을 낳아 무리를 계속 유지하기 위해서랍니다.

여왕벌이 짝짓기 비행을 해요

여왕벌은 일생 동안 한 번만 짝짓기 비행을 해요. 짝짓기를 마치고 벌집으로 돌아온 뒤로는 짝짓기를 하지 않아요. 짝짓기 비행 때 여러 수벌에게서 얻은 정자를 몸속에 있는 '저정낭'이라는 주머니에 넣어 보관하다가 필요할 때 꺼내 쓸 수 있거든요. 벌의 수정은 짝짓기 때가 아니라, 여왕벌이 알을 낳을 때 이루어져요.

무리에 여왕벌은 단 하나

여왕벌은 일벌들에게 '페로몬'이라는 화학물질을 내보내 여왕벌을 기르는 방을 더 이상 만들지 못하게 해요. 일벌들은 여왕벌을 핥아서 그 뜻을 알아듣지요.

수벌은 여왕벌을 잘 찾아야 해서 겹눈이 크게 발달했어요.

양봉꿀벌의 경우, 양봉업자가 알아보기 쉽게 여왕벌에 색칠을 해 두기도 해요.

활동 벌 외에 사회생활을 하는 곤충을 더 조사해 보세요.

꿀벌의 한살이

꽃밭에 가면 봄부터 가을까지 이 꽃에서 저 꽃으로 열심히 날아다니며 꿀과 꽃가루를 모으는 꿀벌을 만날 수 있어요. 알▶애벌레▶번데기▶어른벌레로 완전 탈바꿈을 하는 꿀벌의 한살이를 함께 살펴봐요.

여왕벌이 낳은 알들 중 수정된 알은 나중에 일벌이나 여왕벌이 되고, 수정되지 않은 알들은 수벌이 돼요.

❶ 여왕벌이 밀랍으로 만든 방 안에 알을 하나씩 낳아요.

❷ 3일이 지나면 알이 애벌레로 부화해요. 처음 3일 동안은 모든 애벌레가 보모벌이 주는 로열젤리를 먹어요.

❾ 여왕벌은 태어난 지 1주일이 지나면, 밖으로 나와 수벌과 짝짓기를 해요.

❽ 일벌, 수벌, 여왕벌로 나뉘어 각자 자기가 맡은 역할을 열심히 해내요.

여왕벌이 밀랍 방에서 나오는 모습.

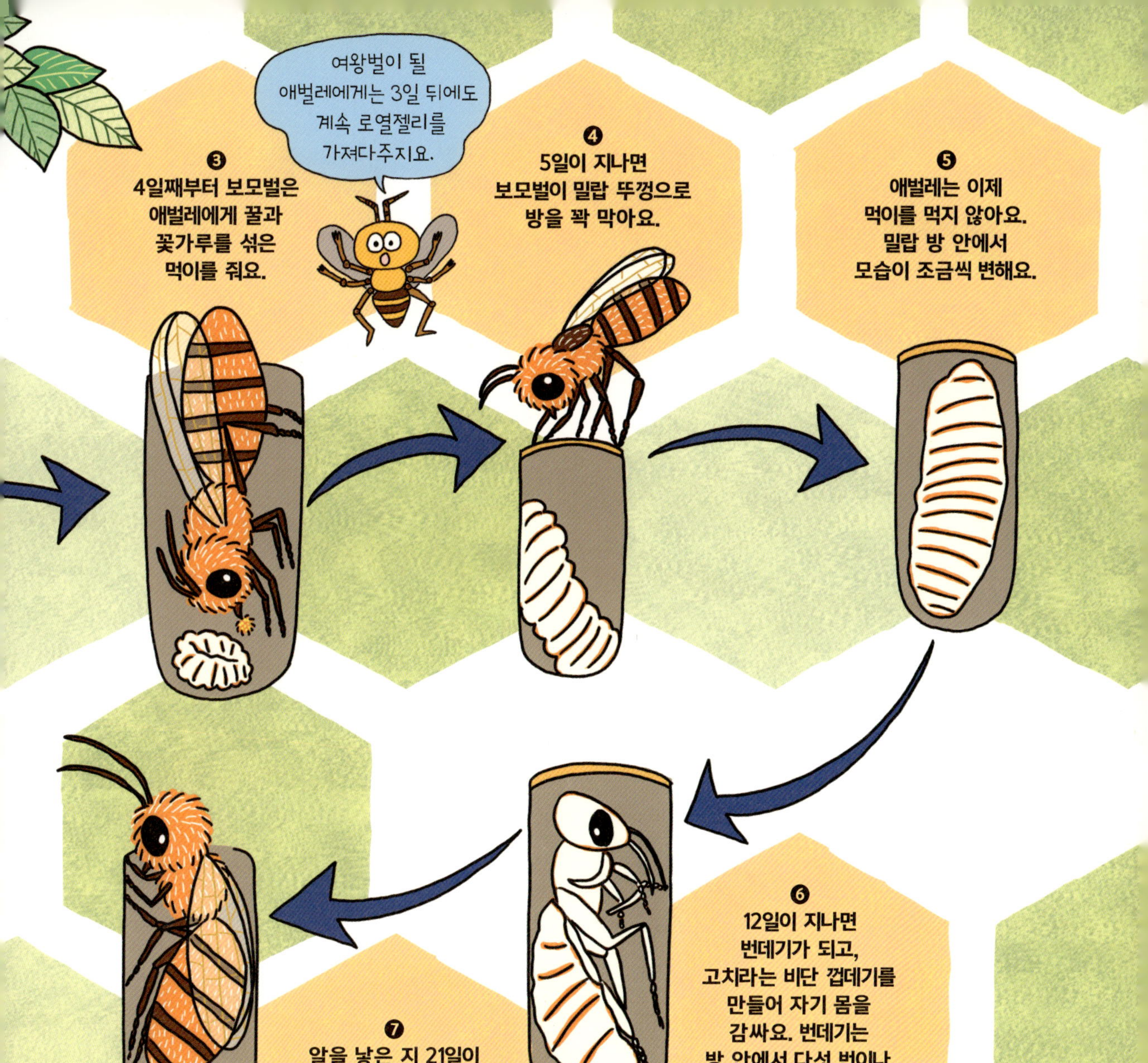

❸ 4일째부터 보모벌은 애벌레에게 꿀과 꽃가루를 섞은 먹이를 줘요.

여왕벌이 될 애벌레에게는 3일 뒤에도 계속 로열젤리를 가져다주지요.

❹ 5일이 지나면 보모벌이 밀랍 뚜껑으로 방을 꽉 막아요.

❺ 애벌레는 이제 먹이를 먹지 않아요. 밀랍 방 안에서 모습이 조금씩 변해요.

❻ 12일이 지나면 번데기가 되고, 고치라는 비단 껍데기를 만들어 자기 몸을 감싸요. 번데기는 방 안에서 다섯 번이나 허물을 벗어요.

❼ 알을 낳은 지 21일이 지나면, 방 안에 있던 어린 일벌들이 밀랍 뚜껑을 씹어서 열고 밖으로 나와요.

늙은 여왕벌이 집을 떠나요

새로운 여왕벌이 태어나기 직전, 늙은 여왕벌은 일벌의 절반을 데리고 집을 나와 새로운 집을 찾아요. 이것을 '분봉'이라고 해요. 집을 찾으러 가다가 나뭇가지에서 떼 지어 쉬기도 해요.

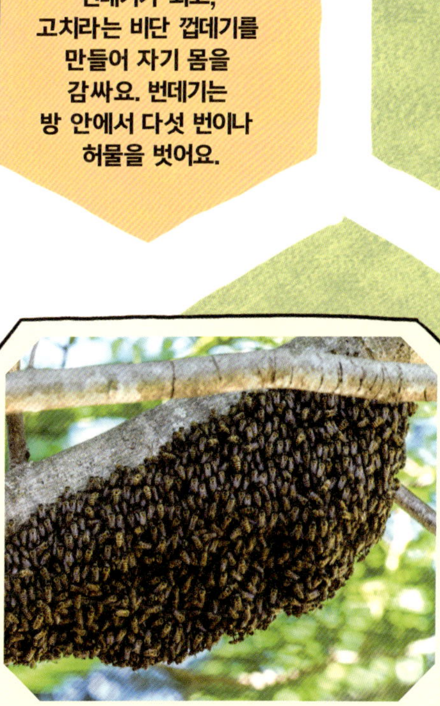

나무에 매달려 쉬고 있는 벌떼.

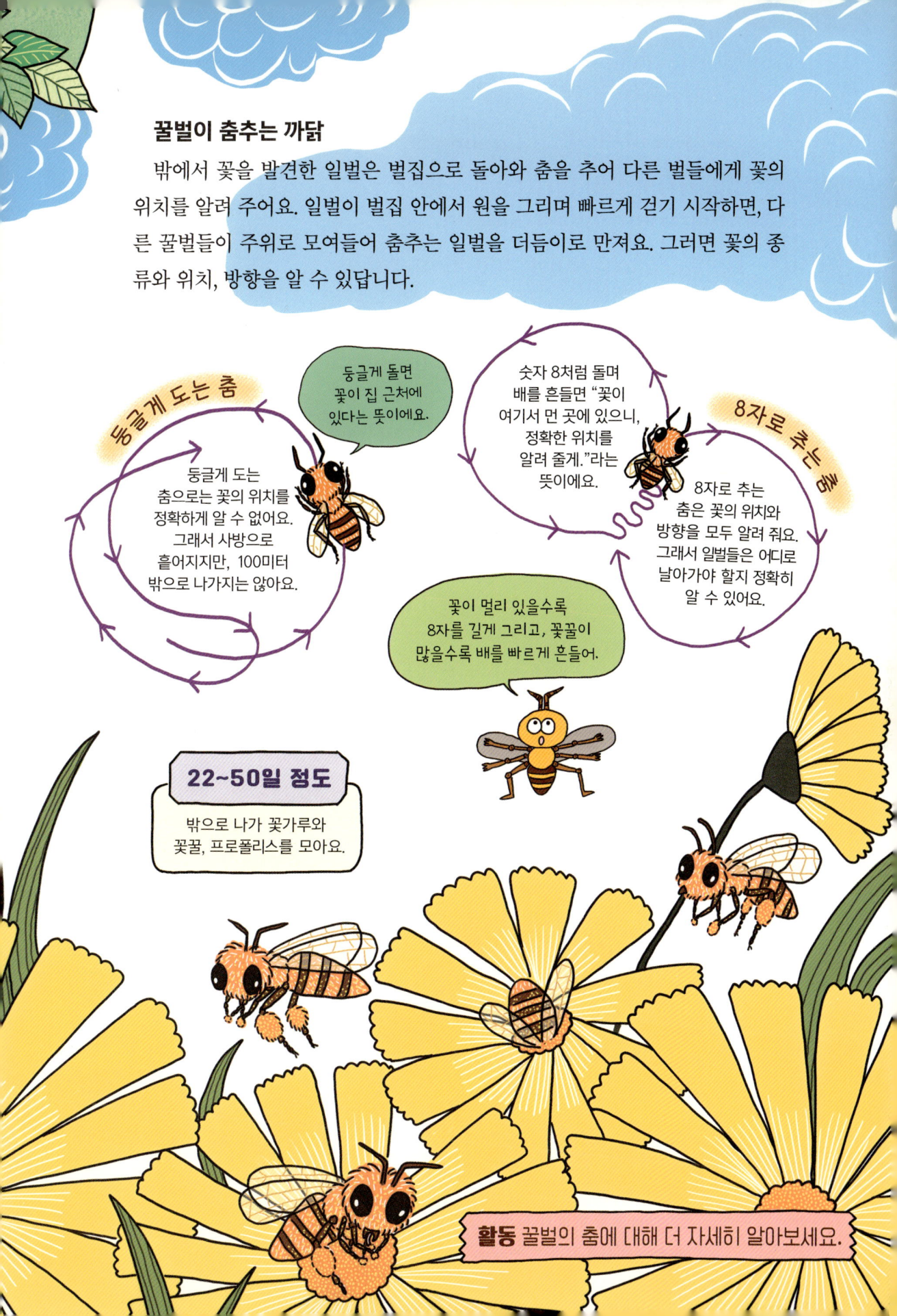

꿀벌이 춤추는 까닭

밖에서 꽃을 발견한 일벌은 벌집으로 돌아와 춤을 추어 다른 벌들에게 꽃의 위치를 알려 주어요. 일벌이 벌집 안에서 원을 그리며 빠르게 걷기 시작하면, 다른 꿀벌들이 주위로 모여들어 춤추는 일벌을 더듬이로 만져요. 그러면 꽃의 종류와 위치, 방향을 알 수 있답니다.

둥글게 도는 춤

둥글게 돌면 꽃이 집 근처에 있다는 뜻이에요.

둥글게 도는 춤으로는 꽃의 위치를 정확하게 알 수 없어요. 그래서 사방으로 흩어지지만, 100미터 밖으로 나가지는 않아요.

숫자 8처럼 돌며 배를 흔들면 "꽃이 여기서 먼 곳에 있으니, 정확한 위치를 알려 줄게."라는 뜻이에요.

8자로 추는 춤

8자로 추는 춤은 꽃의 위치와 방향을 모두 알려 줘요. 그래서 일벌들은 어디로 날아가야 할지 정확히 알 수 있어요.

꽃이 멀리 있을수록 8자를 길게 그리고, 꽃꿀이 많을수록 배를 빠르게 흔들어.

22~50일 정도

밖으로 나가 꽃가루와 꽃꿀, 프로폴리스를 모아요.

활동 꿀벌의 춤에 대해 더 자세히 알아보세요.

꿀을 만들어요

일벌들이 가져온 꽃꿀은 여러 단계를 거쳐서 사람들이 먹는 꿀이 되지요.

❶ 꽃꿀과 꽃가루를 찾아요
일벌들은 봄부터 가을까지 꽃꿀을 모으러 수많은 꽃들 사이를 부지런히 오가요. 단물이 많은 꽃은 태양의 자외선 때문에 짙은 색을 띠어요. 꿀벌은 자외선을 볼 수 있어서 어떤 꽃에 꽃꿀이 많은지 알 수 있지요.

❸ 입에서 입으로 꽃꿀을 전달해요
집에 도착한 일벌은 다른 일벌의 입에 꽃꿀을 전달해요. 꽃꿀을 전달받은 일벌은 꿀방에 뚝뚝 붙여 놓아요.

❷ 벌집으로 돌아와요
일벌들은 열심히 꽃들을 돌아다니며 꽃꿀과 꽃가루를 모아서 집으로 돌아와요.

완성된 꿀은 애벌레의 양식이 되기도 하고, 양봉업자가 가져가기도 하지요.

꿀벌을 기르는 양봉업자는 꿀 저장 방 입구의 밀랍을 칼로 떼어 내고 꿀을 채취해요.

❹ 날갯짓으로 물기를 말려요
일벌은 2~3일 동안 날개로 꿀방에 부채질을 해요. 그러면 80%가 물인 꽃꿀에서 물기가 날아가 시럽처럼 되지요. 방은 안쪽으로 살짝 기울어져 있어서 꿀이 밖으로 흐르지 않아요.

❺ 밀랍으로 방을 막아요
꽃꿀이 끈적끈적해지면 일벌들은 방 입구에 밀랍으로 된 얇은 막을 씌워요. 시간이 흐르면서 꿀로 완성!

활동 꿀벌 외에 꿀을 모으는 벌을 더 찾아보세요.

생각 더하기
버릴 게 하나 없는 꿀벌 집

꿀벌은 맛있는 꿀뿐만 아니라 여러 가지로 유용한 것들을 만들어요. 집을 만들기 위해 밀랍을, 벌집 틈을 메우기 위해 프로폴리스를, 여왕벌에게 먹이기 위해 로열젤리를 만들지요. 여기에 꿀과 함께 모은 꽃가루도 있답니다. 이렇게 벌집에는 꿀벌이 모은 귀한 보물이 가득해요!

꿀
꿀은 꿀벌이 꽃에서 빨아들인 달콤한 물을 소화했다가 다시 토해 내어 벌통 속에 저장해 놓은 거예요. 달콤하면서도 끈적끈적하지요. 꿀은 그냥 먹어도 맛있고, 음식에 설탕 대신 넣어 먹어도 맛있어요. 꿀은 식물의 종류만큼이나 다양해요. 꽃에 따라 꿀의 맛이 달라지기 때문이에요.

꿀벌 꽃가루
꿀벌의 꽃가루는 꿀벌이 모은 꽃가루를 꿀벌의 침과 함께 섞은 거예요. 각종 영양소가 들어 있다고 알려져 있지요. 그래서 예전부터 건강 기능 식품으로 널리 이용되었어요. 하지만 꽃가루에 알레르기가 있다면 조심해야 해요.

로열젤리

여왕벌이 먹는 먹이예요. 평생 알을 낳는 여왕벌이 지치지 않는 것은 이 로열젤리 덕분일지도 몰라요. 로열젤리에는 단백질과 비타민 등 영양소가 풍부하게 들어 있어요. 피로 회복, 성장 촉진 등 효과가 매우 뛰어나 옛날부터 각종 약품의 재료로 쓰였답니다.

프로폴리스

나무즙과 꿀벌의 침에서 나온 효소가 섞여 만들어지는 물질이에요. 벌통이 부서지지 않게 벌집 안에 발라 틈을 메울 때 써요. 세균 번식을 막아 주고 염증 치료에 효과가 좋아요. 벌집 안에서 아주 적은 양만 얻을 수 있답니다.

밀랍

벌집을 만들기 위해 꿀벌이 내뿜는 물질이에요. 윤기가 나고 실온에서도 단단해 예로부터 립스틱, 립밤 같은 화장품에 많이 사용되었어요. 또 광을 내는 광택제, 마찰을 줄이는 왁스, 습기를 막는 방수제로도 쓰여요. 양초의 재료로 많이 사용된답니다.

우리나라의 벌

벌의 종류는 무척 다양해요. 우리나라에도 말벌, 땅벌, 좀벌, 꿀벌 같은 벌들이 약 4,700종이나 있지요. '벌' 하면 흔히 꿀벌과 말벌을 떠올리지만, 그 외에도 많은 종류의 벌이 있답니다. 우리나라에 어떤 벌들이 살고 있는지 함께 알아볼까요?

꿀벌상과

- 곤충강 벌목에 속해요.
- 꿀벌과 외에 애꽃벌과, 어리꿀벌과, 가위벌과 등이 있어요.
- 허리가 잘록한 '자루마디'가 있어요.
- 말벌류와 달리 몸에 털이 많아서 꽃가루를 묻히기에 좋아요.

꿀벌님, 저 좀 보세요.

제 꿀이 참 답답니다.

꿀을 특별히 더 많이 드릴게요.

아, 인기가 너무 많아도 힘들다니까.

꼬마꽃벌과

몸은 전체적으로 짧은 황색 털로 덮여 있어요. 구릿빛 광택이 강해서 이름에도 '구리'가 붙었지요. 머리가 커서 머리 폭이 가슴 폭보다 넓어요. 배에는 회백색 털이 나 있고, 각 다리의 종아리마디에는 짧은 황색 털이 빽빽하게 나 있어요. 꽃가루를 뒷다리에 붙여 모아서 둥지에 저장했다가 애벌레의 먹이로 이용해요. 4~9월에 나타나요.

구리꼬마꽃벌

몸길이 약 8mm

꿀벌과

털보줄벌

몸길이 약 15mm

몸은 검은색이고 다리와 더듬이는 붉은빛을 띤 갈색이에요. 온몸에 긴 털이 촘촘히 나 있어요. 꿀벌보다 몸집이 조금 커요. 4~5월에 볼 수 있으며 개나리, 진달래, 배추 등의 꽃에 모여들어요. 꽃 사이를 무척 빠르게 날아다녀요.

구멍벌과

몸은 푸른빛을 띤 남색이에요. 우리나라에 사는 나나니 중 유일하게 금속성 광택이 나요. 머리와 가슴에는 누런 흰색의 짧은 털이 많이 나 있어요. 가슴이 길고, 배는 알 모양이며 몸이 아주 가늘어요. 반투명한 날개는 햇빛을 받으면 보라색으로 보이기도 해요. 6~8월에 볼 수 있어요.

보석나나니
몸길이 약 18~25mm

꿀벌과

우리가 먹는 꿀의 대부분을 만드는 벌이에요. 마을 주변의 산이나 들에서 사람들이 양봉하는 모습을 흔히 볼 수 있지요. 일벌은 온몸에 갈색빛이 도는 회색 털이 많이 나 있어요. 여왕벌은 몸집이 가장 커요. 수컷은 일벌보다 몸집도 크고 겹눈도 크답니다. 수컷의 입은 퇴화했어요. 무리 지어 사회생활을 하는 곤충을 대표하며, 각자 일을 맡아 나눠서 하는 분업이 가장 잘 이루어지는 곤충이에요.

양봉꿀벌
몸길이 약 12~17mm

나는 꽃에서 꿀과 꽃가루를 얻어.

그 대신 꽃가루를 옮겨 씨앗을 맺게 도와주지.

꿀벌과

몸은 검은색이고 가슴에 노란색 털이 촘촘하게 나 있어요. 배는 광택이 나고, 날개는 갈색이에요. 배와 다리에는 검은색 털이 나 있어요. 죽은 나무의 줄기 속에 굴을 파고 굴 안에 방을 여러 개 만들어 꽃가루와 꿀을 모아 둬요. 방 하나에 알을 한 개씩 낳고, 근처에서 적을 경계하며 집을 지켜요. 5~8월에 볼 수 있어요.

어리호박벌

몸길이 약 20~22mm

꿀벌과

검은색 몸에 갈색 털이 촘촘히 나 있어요. 가슴과 배에 노란색 털이 띠처럼 나 있고 다리는 흑갈색이에요. 배 끝에 짙은 주황색 털이 나 있는 게 특징이에요. 5~8월에 볼 수 있으며 무척 잘 날아다녀요. 어른벌레는 50~200마리가 모여 사회를 이루고 사는데 눈에 잘 띄지 않아요. 어른벌레는 혼자서 겨울을 나고 이듬해에 새로운 무리를 만들어요.

어리황뒤영벌

몸길이 약 15~24mm

털이 복슬복슬해서 꼭 털로 된 인형 같아요.

꿀벌과

몸은 검은색인데, 전체적으로 황갈색 털로 덮여 있어서 마치 황갈색처럼 보여요. 등면에 검은색 띠가 3개 있어요. 4~9월에 산괴불주머니, 진달래, 철쭉, 산딸기, 무궁화, 원추리, 싸리, 물봉선화, 꿀풀, 향유 등 다양한 꽃에 모여들지요. 날갯짓이 빠르고 무척 멀리까지 날아다녀요. 30~120마리 정도 무리를 이루어 생활해요. 예전에는 '뒝벌'로 불리기도 했어요.

우수리뒤영벌

몸길이 약 20mm

가위벌과

몸은 검은색으로, 머리와 가슴에 노란색 털이 듬성듬성 나 있어요. 날개는 투명한데 바깥쪽으로 갈수록 짙은 색을 띠어요. 배마디마다 노란색 털이 나 있고 다리는 갈색이에요. 길고 날카로운 턱을 가위처럼 써서 장미 잎을 자른다고 해서 이런 이름이 붙었어요. 나뭇잎을 썰어서 집을 짓고, 그 속에 알을 낳아요.

장미가위벌

몸길이 약 11~13mm

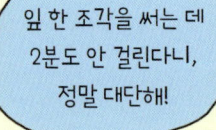

잎 한 조각을 쓰는 데 2분도 안 걸린다니, 정말 대단해!

꿀벌과

재래꿀벌

몸 전체에 황색 털이 고르게 나 있어요. 더듬이는 굵고 검은색이에요. 배 부분은 검은색이고 마디 사이에 황색 털이 나 있어요. 양봉꿀벌보다 꿀 생산력은 떨어지지만 추위를 잘 견뎌요. 꽃을 따라 이동하지 않고 한 장소에서 꿀을 따요. 죽은 나무 속이나 바위 틈, 굴속에 집을 짓고 살아요. 토종벌이라고도 해요.

몸길이 약 12mm

내가 꿀을 더 많이 만들어. 시무룩
양봉꿀벌   재래꿀벌

덜덜   난 하나도 안 춥다고!
양봉꿀벌   재래꿀벌

꿀벌과

좀뒤영벌

검은색 몸에 노란색 긴 털이 빽빽하게 나 있어요. 얼굴에도 노란색 긴 털이 나 있지만 뺨에는 털이 없어요. 머리, 가슴, 배의 뒷면에도 노란색 긴 털이 빽빽하게 나 있지요. 호박벌과 비슷하지만 몸집이 더 작아요. 산지에 살며 6~8월에 볼 수 있어요. 무리 지어 생활하는 사회성 곤충이에요.

몸길이 약 14~16mm

꼬마꽃벌과

몸은 검은색이고, 배에 광택이 나는 초록색 줄무늬가 매력적인 벌이에요. 광택은 파란색으로 보이기도 하고 초록색으로 보이기도 해요. 몸 전체에 짧은 회색 털이 나 있어요. 이름에 꼬마가 들어가는 데서 알 수 있듯 몸집이 작은 편이에요. 7~9월까지 관찰할 수 있어요.

청줄꼬마꽃벌
몸길이 약 11mm

은주둥이벌과

죽이지 않고 이렇게 마비시키면, 내 애벌레가 신선한 먹이를 먹을 수 있지.

암컷의 배에는 털로 된 은색 띠가 2줄 있고, 배 끝에는 갈색 털이 나 있는데 광택이 나요. 수컷의 배에는 은색 띠가 2~3줄 있지요. 날개는 누런색이고 검은색 다리에는 황색 털이 나 있어요. 강변메뚜기를 침으로 마비시킨 다음 땅속 굴로 끌고 가서 가두고 거기에 알을 낳아요. 알에서 나온 애벌레는 마비된 먹이를 먹고 자라나지요. 5~9월에 볼 수 있어요.

참구멍벌
몸길이 약 15~23mm

꿀벌과

가까이 가면 '붕' 하는 소리가 들릴 정도로 날갯짓하는 소리가 커요.

호박벌
몸길이 약 12~23mm

몸집이 크고 뚱뚱하며 털이 마치 깎은 듯이 짧아요. 수컷은 온몸이 진한 노란색 털로 덮여 있고, 얼굴에도 노란색 긴 털이 촘촘하게 나 있어요. 암컷은 수컷보다 크고, 온몸에 검은색 털이 나 있는데 배 아래쪽 털은 갈색이에요. 암컷은 두더지나 들쥐가 땅속에 파 놓은 빈 공간에 마른 잎을 모은 다음, 밀랍으로 방을 만들고 그 안에 알을 낳아요. 4~6월에 볼 수 있어요.

꿀벌과

뒤영벌 중 혀가 가장 길어요. 가슴과 배의 등면이 황색 털로 덮여 있고, 배의 검은색 줄무늬가 아주 뚜렷한 것이 특징이에요. 머리에서 뺨 부분이 매우 길고 더듬이는 자줏빛이에요. 강원도에서 볼 수 있어요.

황토색뒤영벌
몸길이 약 15~24mm

활동 꿀벌상과에 속하는 벌을 더 찾아보세요.

말벌상과

- 곤충강 벌목에 속해요.
- 말벌과 외에 배벌과, 개미벌과, 대모벌과 등이 있어요.
- 허리가 잘록한 '자루마디'가 있어요.
- 털이 많은 꿀벌류와 달리 몸이 매끈해요.

나한테 감히 덤빌 곤충 있어? 있으면 나와 봐!

우리 말벌이 다 장수말벌처럼 사나운 건 아니야. 그러니 너무 겁내지 마.

장수말벌

꼬마별쌍살벌

배벌과

금테줄배벌
몸길이 약 20~25mm

몸은 검은색이고, 전체적으로 옅은 황갈색 털로 덮여 있는데 가슴의 등면에 특히 빽빽하게 나 있어요. 배에 노란색 띠무늬가 있지요. 머리와 가슴에 비해 배가 긴 것이 특징이에요. 수컷이 암컷보다 배가 좁고 날씬하며 더듬이도 길고 가늘어요. 8~10월에 볼 수 있어요. 땅속에서 생활하는 콩풍뎅이류의 애벌레에 기생하는 기생벌이에요.

말벌과

꼬마별쌍살벌
몸길이 약 12~22mm

몸은 검은색이고, 얼굴에 2개의 황색 무늬가 있어요. 더듬이는 붉은빛이 도는 갈색이에요. 가슴에는 쏙쏙 팬 점들이 흩어져 있고 잔털이 나 있어요. 배는 반질반질하게 윤이 나요. 말벌과 비슷하지만 몸이 더 가늘고 첫 번째 배마디가 자루처럼 생긴 게 차이점이에요. 날아다닐 때 발을 길게 드리우고 날아요.

말벌과

꼬마장수말벌

몸길이 약 20mm

몸은 검은색이고 갈색 털이 많이 나 있어요. 머리는 주황색이며 홑눈 주위에 흑갈색 무늬가 있어요. 장수말벌과 비슷하지만, 머리가 작고 배가 길며 배 끝이 검은 것이 달라요. 몸집도 더 작아요. 6~7월에 관찰할 수 있는데 매우 드물게 보여요. 나비류를 비롯한 다양한 곤충류의 애벌레 및 어른벌레를 사냥해서 새끼의 먹이로 삼아요.

우리나라에 사는 말벌 중 장수말벌 다음으로 커요.

해충인 등검은말벌은 기후 변화에 잘 적응해서 점점 늘어나는데, 등검은말벌을 견제할 수 있는 장수말벌의 서식지는 개발로 인해 자꾸 줄어들어 걱정이에요.

말벌과

등검은말벌

몸길이 약 20~24mm

이름처럼 등이 검은색이며, 열대 아시아 쪽에서 온 외래 말벌이에요. 벌집은 커지면 거대한 공 모양이 되는데 지름이 50cm에 이를 정도로 커요. 육식성으로 곤충을 잡아먹어요. 종종 벌통을 습격해서 양봉에 큰 피해를 주고, 공격성이 강해 사람을 침으로 쏘는 등 피해를 끼쳐요. 그래서 생태계의 질서를 어지럽히는 생태계 교란종으로 지정되었어요.

등검정쌍살벌

몸길이 약 19~23mm

몸은 검은색이고 더듬이는 붉은빛을 띠는 갈색이에요. 쌍살벌 중에서 몸집이 큰 편이지요. 우리나라의 쌍살벌 중 가장 큰 왕바다리와 아주 비슷한데 몸집이 살짝 작아요. 4~6월에 흔하게 볼 수 있으며, 건물의 처마 밑에 종처럼 생긴 집을 만들어 매달아요. 배추흰나비, 산누에나방 등의 애벌레를 잡아먹는 육식성이에요.

땅벌

몸길이 약 10~19mm

나무나 집의 처마 밑에 집을 짓는 일반 벌과 달리, 땅속에 집을 지어서 이런 이름이 붙었어요. 강원도에서는 '땡벌'이라고도 해요. 몸은 검은색이에요. 온몸에 검은색 털이 빽빽하게 나 있고, 배에 노란색 줄무늬가 있어요. 수컷은 암컷보다 털이 더 빽빽하게 나 있고, 더듬이가 길어요. 나비류를 비롯해 다양한 곤충류의 애벌레 및 어른벌레를 사냥하며, 사람을 쏘아 피해를 주기도 해요.

말벌과

무시무시해 보이지만 사실은 사람에게 이로워요. 말벌의 애벌레는 식물에 해를 끼치는 진딧물을 잡아먹고, 말벌도 산림에 해를 끼치는 해충을 잡아먹거든요.

말벌

몸길이 약 21~29mm

머리는 황갈색이고 정수리에 흑갈색 마름모꼴 무늬가 있어요. 더듬이는 붉은빛이 도는 갈색이에요. 배에는 황색 띠가 있어요. 수컷보다 암컷이 크고 6~10월에 볼 수 있지요. 수액이나 과일 등에 잘 모이며, 나비류를 비롯한 다양한 곤충류의 애벌레 및 어른벌레를 사냥해요. 꿀벌처럼 먹이를 저장하지 않기 때문에 겨울이 되면 여왕벌만 남고 모두 죽어요.

말벌과

몸은 붉은빛을 띠는 노란색이에요. 다리와 날개는 황갈색이고 날개는 반투명해요. 앞가슴등판에는 노란색 줄이 세로로 나 있어요. 뱀의 허물처럼 생긴 집을 길쭉하게 만들어 이런 이름이 붙었지요. 4~9월에 관찰할 수 있어요. 다른 쌍살벌에 비하면 몸이 가늘고 전체적으로 색이 옅어요. 나뭇가지, 나뭇잎의 뒷면 등에 집을 짓고, 나무 틈이나 건물의 틈새에 모여 겨울을 나요.

뱀허물쌍살벌

몸길이 약 10~22mm

어미 쌍살벌은 다른 곤충의 애벌레를 잡아와 잘게 씹어 동그란 떡처럼 만든 다음, 자신의 애벌레에게 먹여요.

말벌과

검은색 바탕에 노란색 무늬가 있고, 몸에 짧은 털이 빽빽하게 나 있어요. 이마방패의 폭보다 길이가 길고, 뒷가슴등판에 아무런 무늬도 없는 게 특징이에요. 암컷이 수컷보다 커요. 잎말이나방의 애벌레를 새끼의 먹이로 삼는 육식성이에요. 5~10월에 우리나라 전역에서 볼 수 있어요.

별감탕벌
몸길이 약 12mm

난 곤충계의 도예가로 불려. 흙으로 항아리처럼 생긴 벌집을 만들거든.

말벌과

검은색 몸에 앞가슴과 배마디의 줄무늬가 황색이에요. 첫 번째 배마디가 아주 가늘고 그 이후 마디가 갑자기 넓어졌다가 뒤로 갈수록 좁아지는 모습이 호리병을 닮은 데다, 호리병벌 종류 중에서 몸집이 가장 커서 이런 이름이 붙었어요. 6~10월에 나타나요. 진흙으로 달걀만 한 크기의 집을 짓는데 속은 여러 개의 방으로 나뉘어 있어요. 애벌레에게 먹이로 주기 위해 나방의 애벌레 등을 마취시켜 잡아다 넣고 알을 낳은 뒤 방 입구를 막아요.

큰호리병벌
몸길이 약 25~30mm

47

암컷의 몸은 검은색이고 더듬이는 진한 갈색이에요. 가슴에는 노란색 대각선이 세모꼴 모양을 이루고 있지요. 날개는 붉은빛을 띠는 갈색이고, 갈색 다리의 옆면에는 2개의 노란 무늬가 있어요. 별쌍살벌과 아주 비슷하지만, 별쌍살벌의 배 주위가 노란색인 것에 비해 배가 갈색이라 수수한 편이에요. 4~9월에 주로 집 주변이나 숲에서 관찰할 수 있으며 나비류의 애벌레를 잡아먹어요.

말벌과

어리별쌍살벌

몸길이 약 15mm

말벌과

말벌 중에서 몸집이 가장 크고 색이 진해요. 몸에는 황갈색 털이 빽빽하게 나 있고, 배에는 황갈색 털이 길게 나 있어요. 머리는 주황색이고 큰 편이에요. 턱이 매우 크고 날카로운 데다, 공격성이 무척 강해서 다른 벌집을 공격하기도 해요. 둥지의 10미터 근처까지 방어할 정도로 방어 영역이 넓어요. 몸집이 큰 만큼 날갯짓하는 소리가 무척 커요. 4~10월에 볼 수 있으며, 다른 말벌들과 달리 땅속이나 나무 그루터기처럼 완전히 가릴 수 있는 곳에만 집을 지어요.

장수말벌

몸길이 약 27~44mm

수만 마리가 사는 꿀벌 집을 공격하는 데는

앗, 말벌이다!

우리 말벌 두세 마리면 충분해!

말벌과

장수말벌과 무척 닮았지만, 몸집이 더 작고 겹눈이 커서 이마나 뺨이 거의 보이지 않는 게 달라요. 장수말벌이 땅속에 집을 짓는 것과 달리 나무에 집을 짓는 것도 차이점이에요. 4~10월에 나타나고, 나비류를 비롯한 다양한 곤충류의 애벌레 및 어른벌레를 사냥해요.

좀말벌
몸길이 약 22~30mm

말벌과

황슭감탕벌
몸길이 약 15~17mm

몸은 검은색으로, 배의 첫 번째와 두 번째 마디에 황색 테가 있어요. 더듬이 사이에 작은 노란색 점이 있고, 날개는 보랏빛을 띠는 갈색인데 햇빛을 받으면 무지갯빛이 나타나요. 배 끝에 날카로운 가시 형태의 교미기가 한 쌍 달려 있는데, 이것을 침처럼 사용해서 적으로부터 스스로를 보호해요. 5~9월에 관찰할 수 있으며 나방 애벌레를 잡아먹어요.

따끔한 맛을 보여 주마!

앗, 따가워!

활동 말벌상과에 속하는 벌을 더 찾아보세요.

맵시벌상과

머리가 작고, 다리가 길어요. 날 때면 다리를 길게 늘어뜨려요.

암컷에게 아주 기다란 산란관이 있어요.

종수는 4만 종 정도예요.

다른 곤충의 애벌레나 번데기, 어른벌레에 기생해요.

허리가 잘록한 '자루마디'가 있어요.

머리가 작고 허리는 잘록, 다리는 길어서 맵시가 아주 좋지! 그래서 맵시벌이란 이름이 붙었다고!

우리는 나무의 줄기나 잎을 갉아 먹는 해충의 몸에 알을 낳아서 나무를 보호해 주지.

수원별맵시벌 **삼색맵시벌**

가락지자루맵시벌

맵시벌과

산란관이 기다란 것이 특징이에요. 머리와 가슴은 검은색이에요. 첫 번째부터 세 번째 배마디는 붉은색이고, 네 번째 배마디부터는 검은색이지요. 더듬이는 노란빛이 도는 붉은색이고 자루마디는 검은색이에요. 6~10월에 볼 수 있어요. 소나무를 해치는 솔나방의 애벌레와 번데기에 기생해서 해충을 억제하는 역할을 해요.

몸길이 약 21mm

가슴검은자루맵시벌

맵시벌과

암컷이 수컷보다 약간 더 커요. 몸은 전체적으로 주황색이에요. 얼굴과 더듬이는 노란색을 띠며, 다리는 노란색이지요. 날개는 투명하고 날개 위쪽의 가장자리를 따라 검은색 선이 나타나요. 가슴등판에는 검은색 점이 3개 있어요. 5~7월에 볼 수 있어요.

몸길이 약 21mm

내 새끼의 먹이로군!

앗, 어서 도망가자!

맵시벌들은 모두 허리가 얼마나 가느다란지, 꼭 부러질 것만 같아.

맵시벌과

몸은 검은색이고 기다란 배에 노란색 무늬가 있어요. 다리는 노란색이며 날개는 황색이에요. 암컷은 산란관이 무척 길어요. 송곳벌이나 하늘소 등의 애벌레가 들어 있는 목재나 썩은 나무를 찾은 다음, 밖에서 기다란 산란관을 꽂아 넣고 이들 애벌레에 알을 낳아요. 7~8월에 볼 수 있지요.

거무튀튀긴꼬리맵시벌
몸길이 약 30~40mm

이 벌의 애벌레는 목재를 해치는 애벌레에 기생하기 때문에 사람에게 유익하답니다.

맵시벌과

검은색 몸에 짙은 보라색이 돌아서 검보라맵시벌이라는 이름이 붙었어요. 몸에는 흰 털이 많이 나 있는데 특히 가슴 뒤쪽에 촘촘하게 나 있지요. 뺨 위에는 갈색 무늬가 있고 더듬이는 검은색인데 중간에는 황색이에요. 다리에서도 중간중간 황색을 볼 수 있어요. 9~10월에 나타나요.

검보라맵시벌
몸길이 약 23mm

맵시벌과

검정맵시벌
몸길이 약 24mm

몸은 검은색이고, 배 앞쪽이 매우 잘록하며 노란색 무늬가 있어요. 날개는 반투명하고 갈색을 띠어요. 더듬이는 검은색인데 가운데는 황색이에요. 겹눈을 따라 노란색 테두리가 나타나요. 8월에 볼 수 있으며 주홍박각시, 등줄박각시 등 나방의 애벌레나 번데기에 기생해요.

맵시벌과

산란관이 아주 길어요. 몸은 검은색이지만 더듬이는 노란빛을 띠는 붉은색이에요. 배는 붉은색이나 여섯 번째 배마디부터 끝까지 그리고 두 번째 배마디의 등면은 검은색이에요. 다리는 노란색이지요. 5~9월에 볼 수 있어요.

긴가락지자루맵시벌
몸길이 약 14~20mm

맵시벌과

황슭감탕벌 애벌레 몸속에 알을 낳자.

긴꼬리뾰족맵시벌

몸길이 약 18~22mm

몸은 전체적으로 검은색이고 산란관이 뾰족해요. 날개가 다른 벌들에 비해 불투명한 편이에요. 6~9월에 볼 수 있으며, 말벌과에 속하는 황슭감탕벌을 포함한 감탕벌류나 호리병벌류의 애벌레에 알을 낳아요. 알은 몸속에서 부화해 애벌레를 먹고 자라지요.

맵시벌과

대만자루맵시벌

몸길이 약 22mm

머리와 가슴은 검은색이에요. 앞다리와 가운뎃다리는 노란색이고, 뒷다리는 붉은색을 띠는 갈색이에요. 더듬이는 6~11마디까지는 노란색이다가 그 이후는 검은색이에요. 8월에 볼 수 있으며, 주로 밤나방과에 기생해요.

고치벌과

말총은 말의 갈기나 꼬리의 털을 말해요.

나랑 닮았다고?

말총벌

몸길이 약 15~24mm

우리나라 벌 중에서 산란관이 가장 길어요. 산란관 길이가 몸길이의 약 10배나 된답니다. 긴 산란관이 말의 갈기 또는 꼬리의 털 같다고 해서 이런 이름이 붙었어요. 날개는 적황색이며 앞날개에 커다란 흑갈색 무늬가 2개, 작은 흑갈색 무늬가 1개 있고, 뒷날개 가운데에도 흑갈색 무늬가 1개 있어요. 5~7월에 볼 수 있으며 하늘소의 애벌레에 기생해요.

맵시벌과

몸은 전체적으로 검은색이고, 다리는 검은색이거나 진한 갈색이에요. 더듬이의 가운데 부분과 작은방패판은 노란빛을 띠는 흰색이지요. 포도잎을 갉아 먹는 줄박각시의 애벌레에 기생해 해충을 억제하는 역할을 해요.

물귀신검정맵시벌

몸길이 약 25mm

생각 더하기: 꿀벌이 사라지고 있다고요?

꿀벌은 무척 중요해요

꿀벌이 사람들의 생활에 미치는 영향은 어마어마해요. 먼저, 식량을 생산하는 데 가장 중요한 식물의 꽃가루받이를 가능하게 해 줘요. 꽃가루받이란 꽃가루를 옮겨 열매를 맺게 하는 것을 말해요. 전 세계 식량의 대부분을 차지하는 100종의 농작물 중에서 약 70%가 벌 덕분에 열매를 맺는다고 해요. 꿀벌이 식량 재배에 기여하는 경제적 가치는 자그마치 370조 원이 넘는대요. 그뿐만이 아니에요. 꿀벌의 도움으로 맺은 열매를 다른 곤충들이나 새들이 먹고 살아가지요. 이렇듯 꿀벌은 꿀과 로열젤리 같은 농작물의 생산은 물론이고, 생태계의 균형과 다양성을 유지하는 데 중요한 역할을 한답니다.

> 꿀벌이 사라지면, 인류는 4년 이내에 멸망하게 될 것이다.
> — 아인슈타인

> 어때, 내가 없으면 안 되겠지?

- 100대 농작물 중 약 70%의 꽃가루받이를 도와주어요.
- 꿀, 로열젤리 등 영양가가 높은 식품을 생산해요.
- 전 세계에서 1년간 생산되는 식량의 3분의 1 이상이 꿀벌의 도움을 받아요.
- 생태계의 균형을 유지하고, 다양성을 확대해 주어요.

꿀벌이 사라지고 있어요

그런데 이게 웬일일까요? 어느 날 갑자기 꿀벌들이 집단으로 사라지기 시작했어요. 이 현상을 '꿀벌 군집 붕괴 현상'이라고 해요. 꿀과 꽃가루를 모으러 나간 일벌 무리가 집으로 돌아오지 않아, 벌집에 남은 여왕벌과 애벌레가 떼로 죽는 현상을 말해요. 한 연구에서는 2015년에 전 세계 야생 꿀벌이 1990년보다 25%나 줄어들었다는 연구 결과를 발표했어요. 유엔(UN)은 2017년에 전 세계 벌의 3분의 1이 멸종 위기라고 밝히기도 했지요. 꿀벌 군집 붕괴 현상은 우리나라에서도 나타나고 있어요. 2023년 3월에는 1년 사이에 꿀벌의 70%가 사라졌다는 기사가 나왔고, 2024년 2월에도 꿀벌이 집단으로 사라졌다는 소식이 보도되었어요.

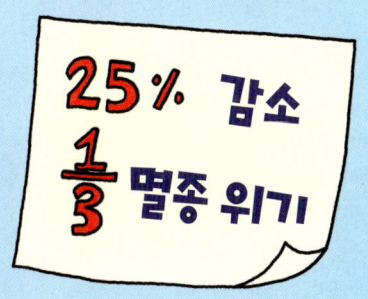

꿀벌이 사라지는 이유는 무엇일까요?

꿀벌이 사라지는 이유는 여러 가지예요. 기후 변화, 살충제 사용, 병충해, 벌의 먹이가 되는 꽃과 나무인 밀원 식물의 부족 등을 들 수 있지요.
먼저 지구 온난화로 인해 겨울에 일시적으로 기온이 높아져 겨울잠에서 깬 벌들이 벌통 밖으로 나왔다가 얼어 죽는 문제가 있어요. 또 꽃이 피는 시기가 빨라지는 바람에 벌이 겨울잠에서 깨기 전에 꽃이 먼저 피어, 벌이 꿀과 꽃가루를 모을 수 있는 기간이 짧아지는 문제도 있지요.
우리나라에서는 밀원 식물인 아카시나무 부족이 가장 심각한 원인이에요. 꿀을 얻을 수 있는 꽃이 부족하면 꿀벌은 사람이 주는 설탕물을 먹어야 하는데, 그러면 면역력이 약해져 쉽게 죽는답니다.

어떻게 해야 할까요?

미국에서는 2018년부터 화재로 손실된 숲을 가꾸는 등 생태계를 다시 복구하고, 꿀벌의 서식지를 보존하는 것을 국가 전략으로 추진하고 있어요. 일본에서는 2012년에 '양봉진흥법'을 제정했지요. 우리나라에서도 2021년에 양봉을 전담하는 '양봉생태과'를 만들었답니다. 주변에 꽃과 나무를 심어 꿀벌을 비롯한 벌들이 살 수 있는 환경을 늘려야 해요. 지구를 건강하게 만들어 미래에는 벌이 다시 많아지면 좋겠어요.

스스로 연구하기

지금까지 벌에 관해 많은 것을 배웠지요? 이번에는 벌을 직접 기르는 방법을 알아보고, 벌로 재미난 실험도 해 봐요. 벌과 관련한 여러 가지 활동을 하면서 스스로 연구하는 힘을 길러 보세요. 그리고 더 알고 싶은 것이 있으면 묻고 답하면서 더 자세히 알아보세요.

꿀벌을 키워 보아요

'양봉'이란 말을 들어 보았나요? 꿀을 얻기 위해 벌을 기른다는 뜻이에요. 양봉은 주로 식물이 많은 농촌 지역에서 해요. 그런데 요즘에는 도시에서도 양봉을 하는 사람들이 점점 늘고 있답니다.

도시 양봉이 인기를 얻으며 주민센터나 행정복지센터 등 여러 기관에서 양봉 수업을 하기도 해요.

도시 양봉, 그것이 알고 싶다

벌이 도시에서 살 수 있나요?

도시의 고온 건조한 날씨는 꿀벌이 살기에 딱 좋아요. 도시에서는 식물에 농약을 많이 치지 않는 데다, 먹이 경쟁도 치열하지 않아 꿀벌에게 최고의 환경이지요.

도시에서 왜 꿀벌을 기르나요?

꿀벌이 꽃가루를 이 꽃 저 꽃으로 옮겨 주는 덕분에 도시에서도 다양한 식물이 자랄 수 있어요. 이렇게 식물이 많아지면, 식물과 관련 있는 동물들도 찾아와 도시 생태계가 건강해져요. 그래서 세계 여러 도시에서 도시 양봉이 점점 늘고 있어요.

도시 양봉의 문제점은 없나요?

도시 양봉을 할 때는 꼭 이웃을 배려해야 해요. 벌에 쏘이는 사고가 벌어지기도 하고, 알레르기나 벌의 윙윙거림 때문에 고통받는 이웃이 있을 수도 있거든요.

꿀에는 문제가 없나요?

농촌보다 도시에서 얻는 꿀이 농약 걱정이 없어서 좋아요. 간혹 공장이나 자동차에서 나오는 매연을 걱정하는 분들도 있는데, 조사 결과 문제없다는 판정을 받았답니다.

벌을 기르려면 무엇이 필요한가요?

밀랍으로 만들어요

꿀벌은 집을 만들기 위해 배에서 밀랍을 내뿜어요. 밀랍은 몸에 해롭지 않은 천연 물질이에요. 다루기도 무척 쉬워서 밀랍으로 다양한 생활용품을 만들 수 있답니다.

밀랍초 만들기

준비물 ▶ 밀랍 / 심지 / 종이컵 / 국그릇 / 나무젓가락

① 국그릇에 따뜻한(60℃ 정도) 물을 절반 정도 붓고, 밀랍을 넣은 종이컵을 넣어요.

② 나무젓가락으로 저어 밀랍을 녹인 후 심지를 꽂아요.

③ 그대로 굳히고 종이컵을 벗겨 내면 양초 완성!

밀랍랩 만들기

준비물 ▶ 밀랍 / 천(면) / 프라이팬 / 나무젓가락 / 가스레인지

① 못 쓰는 프라이팬에 밀랍을 넣고, 가스레인지의 제일 약한 불로 녹여요.

② 녹인 밀랍을 천에 골고루 묻혀요.

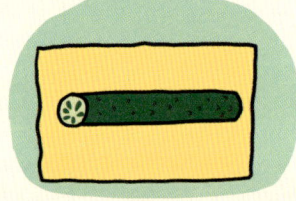

③ 그대로 굳혀서 랩 대신 사용해요. 밀랍랩은 비닐랩과 달리 여러 번 사용할 수 있어요.

밀랍립밤 만들기

준비물 ▶ 밀랍, 코코넛 오일, 종이컵, 국그릇, 나무젓가락, 립밤 용기

① 국그릇에 따뜻한(60℃ 정도) 물을 절반 정도 붓고, 밀랍을 넣은 종이컵을 넣어요.

② 나무젓가락으로 저어서 밀랍을 완전히 녹여요.

③ 밀랍이 다 녹으면 코코넛 오일을 섞어요. 라벤더나 페퍼민트 오일 등을 첨가해도 좋아요.

④ 오일을 섞은 밀랍을 립밤 용기에 부어서 굳혀요. 이때 종이컵 끝을 살짝 뾰족하게 접으면 붓기 쉬워요.

벌로 실험해요

꿀벌에 대해 좀 더 알고 싶으면 직접 실험해 보세요.
먼저 가설을 세우고 결과를 예상해 봐요.
그리고 실험한 뒤, 실험 결과를 해석해 보세요.

가설이란 모르는 일에 대해 미루어 짐작해 생각해 보고 설명하는 것을 말해요.

실험1: 꿀벌은 냄새를 구분할 수 있을까?

1단계	가설 세우고 예측하기

꿀벌은 벌집에서 먼 곳에 있는 꽃도 잘 찾아가 꿀을 빤다. 더듬이로 꽃이 내뿜는 향기를 맡을 수 있기 때문이다. 그러므로 다른 냄새도 잘 구분할 것이다.

2단계	실험하기

① 투명 아크릴 상자 안에 향수를 뿌리고 벌을 집어넣는다.

② 향기가 날아가기를 기다리며 꿀벌들의 행동을 관찰한다. 편안하다.

③ 향기가 다 사라지면 환기구 입구에 훈풍기로 쑥 향을 뿌린다. 흩어진다.

3단계	실험 결과 해석하기

꿀벌들은 좋은 향기가 났을 때는 편안하게 있다가, 쑥 냄새를 뿌리자 괴로워하며 사방으로 흩어졌다. 이를 통해 꿀벌은 냄새를 구분할 수 있다는 가설이 옳다는 것을 알 수 있다.

실험2: 꿀벌은 색을 구분할 수 있을까?

> 꿀벌은 여러 개의 눈이 모인 겹눈을 가지고 있어요.

1단계	가설 세우고 예측하기

겹눈은 움직임은 잘 알아채지만 색을 구분하는 능력은 떨어진다. 겹눈을 가진 곤충들은 대개 포유류에 비해 시력이 떨어진다. 그러므로 겹눈을 가진 꿀벌도 색을 잘 구분할 수 없을 것이다.

2단계	실험하기

① 색이 다른 접시 4개를 준비하고, 그중 흰색 접시에만 꿀을 올려놓아요.
② 투명한 아크릴 상자에 접시를 넣고, 꿀벌들을 풀어 놓아요.
③ 꿀벌들이 흰색 접시에 모여 꿀을 먹는 모습을 관찰해요.
④ 10여 분 뒤, 접시를 모두 아크릴 상자에서 빼내요.
⑤ 색이 같은 새 접시를 아크릴 상자에 넣어요. 이때 접시 위에는 아무것도 놓지 않아요.
⑥ 꿀벌들이 어느 접시에 모이는지 관찰해요.

3단계	실험 결과 해석하기

꿀벌들은 접시를 새로 바꾸었는데도 흰색 접시에만 모여들었다. 접시의 위치를 바꾸어도 마찬가지였다. 이 사실로 미루어 볼 때 꿀벌은 색을 구분할 수 없다는 가설이 틀렸다는 것을 알 수 있다.

실험3: 꿀벌은 휴대 전화 전자파의 영향을 받을까?

| 1단계 | 가설 세우고 예측하기 |

사람은 전자파의 영향을 받는데, 꿀벌도 사람과 같은 동물에 속하므로 전자파의 영향을 받을 것이다.

| 2단계 | 실험하기 |

  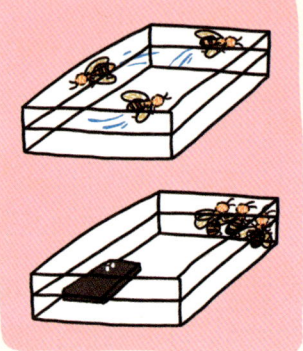

① 투명한 아크릴 상자를 2개 준비하고, 상자 하나에만 휴대 전화를 설치한다.

② 아크릴 상자 2개에 각각 같은 수의 꿀벌을 넣는다.

③ 두 상자 안 꿀벌의 모습을 관찰한다.

| 3단계 | 실험 결과 해석하기 |

빈 아크릴 상자 안에 있는 꿀벌들은 활발하게 움직이며 편안한 모습이었으나, 휴대 전화가 설치된 아크릴 상자에 있는 꿀벌들은 잘 날지 못하고 몸을 떨며 힘들어 하는 모습이었다. 이를 통해 꿀벌이 휴대 전화 전자파의 영향을 받는다는 가설이 옳다는 것을 알 수 있다.

휴대 전화를 너무 오래 쓰면 전자파의 영향을 받아 건강이 나빠져요.

실험4: 말벌도 꽃가루를 모을 수 있을까?

| 1단계 | 가설 세우고 예측하기 |

어른 말벌은 꿀을 좋아하는 데다, 말벌도 벌의 한 종류이기 때문에 꽃가루를 모을 수 있을 것 같다.

말벌 애벌레는 곤충을 먹고, 어른 말벌은 꿀이나 달콤한 액체를 먹어요.

| 2단계 | 실험하기 |

① 오목한 접시에 밀가루를 덜어 놓는다.

② 죽은 말벌과 꿀벌 다리에 밀가루를 가득 묻힌다.

③ 밀가루를 살살 털어내고 꿀벌과 말벌의 모습을 비교해 본다.

| 3단계 | 실험 결과 해석하기 |

죽은 말벌과 꿀벌 다리에 밀가루를 묻히고 털어 보았더니, 꿀벌 다리에 묻은 밀가루 양이 훨씬 많았다. 꿀벌 다리에 난 잔털 덕분인 것 같았다. 이 잔털은 꿀벌이 꽃가루를 모을 때 큰 도움이 될 것이다.
반면에 말벌 다리에는 잔털이 거의 없어서 밀가루를 털자 우수수 떨어졌다. 이런 다리로는 꽃가루를 모으기 힘들 것이다. 이 사실로 미루어 볼 때 말벌은 꽃가루를 모을 수 있다는 가설은 틀렸다는 것을 알 수 있다.

더 궁금한 것을 탐구해요

1. 일벌이 꿀주머니에 꽃꿀을 가득 채우려면 꽃 몇 송이를 돌아다녀야 할까요?

① 500송이
② 1,000송이
③ 1,500송이

벌써 1,000번째야.

2. 한 번 침을 쏜 꿀벌은 어떻게 될까요?

① 죽어요.
② 숫자 8을 그리며 춤을 추어요.
③ 계속 살아요.

난 이제 죽는구나.

3. 여왕벌을 낳을 방과 일벌이나 수벌을 낳을 방은 크기가 달라요. O일까요, X일까요?

여왕벌의 방은 땅콩 껍질처럼 생겼어.

4. 땅속에 집을 짓는 벌을 모두 찾아보세요.

① 땅벌
② 호박벌
③ 말벌

말벌

땅벌   호박벌

5. 꿀은 시간이 오래 지나면 어떻게 될까요?

① 그대로 있어요.
② 썩어요.
③ 말라서 없어져요.

3,000년이 지났는데도 먹을 수 있네!

6. 어떤 사람은 자기 몸(턱이나 배)에 벌을 잔뜩 붙이는 묘기를 보여 줘요. 어떻게 하는 걸까요?

① 몸에 꿀을 발라 놓아요.
② 여왕벌을 데리고 있어요.
③ 애벌레들을 주머니에 넣어 두어요.

7. 세계에서 최초로 꿀벌을 기른 것은 어느 나라 사람일까요?

① 고대 그리스 사람
② 고대 이집트 사람
③ 고대 로마 사람

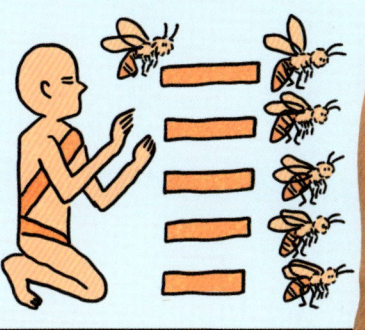

벌 탐구 퀴즈를 풀어요

벌에 관해 이제 잘 알게 되었지요? 다음은 이 책에 나온 벌들에 관한 퀴즈예요. 퀴즈를 풀면서 내용을 다시 떠올려 보세요.

1. 벌의 눈은 겹눈일까요, 홑눈일까요?

2. 벌목에 속하는 곤충은 다음 중 무엇일까요?
   ❶ 파리   ❷ 나방
   ❸ 꿀벌   ❹ 사슴벌레

3. 벌목은 크게 꿀벌, 말벌, 개미로 구분할 수 있어요. 이 설명이 맞으면 O, 틀리면 X를 표시하세요.

4. 꿀벌 애벌레가 먹고 자라는 것은 다음 중 무엇일까요?
   ❶ 꽃가루   ❷ 꽃잎
   ❸ 이슬   ❹ 풀

5. 흰색 크림 같은 것으로, 여왕벌만 먹는 것은 무엇일까요?

6. 꿀벌은 꿀주머니와 중간 위장까지 위가 2개예요. 이 설명이 맞으면 O, 틀리면 X를 표시하세요.

이 책에 나온 내용에 관한 퀴즈예요. 정답을 모르겠거든 다시 앞으로 가서 읽어 보세요.

7. 허리가 잘록한 '자루마디'가 없는 벌은 다음 중 무엇일까요?
   ❶ 꿀벌   ❷ 맵시벌
   ❸ 말벌   ❹ 잎벌

정답이 알쏭달쏭하네.

12. 땅속에 집을 짓는 벌은 다음 중 무엇일까요?
- ❶ 호박벌
- ❷ 재래꿀벌
- ❸ 등검정쌍살벌
- ❹ 말벌

11. 꿀벌의 몸에서 내뿜는 물질로, 벌집을 짓는 데 쓰이는 것은 무엇일까요?

13. 나뭇잎을 썰어서 집을 짓는 벌은 다음 중 무엇일까요?
- ❶ 장미가위벌
- ❷ 꿀벌
- ❸ 말벌
- ❹ 쌍살벌

10. 꿀벌을 사라지게 하는 이유가 아닌 것은 다음 중 무엇일까요?
- ❶ 기후 변화
- ❷ 밀원 식물 부족
- ❸ 화학 살충제
- ❹ 천적

흥미로운 내용이 있다면 더 자세히 탐구해 보세요!

9. 꿀벌의 수벌은 스스로 먹이를 구할 수 있어요. 이 설명이 맞으면 ○, 틀리면 X를 표시하세요.

14. 산란관이 가장 긴 벌은 다음 중 무엇일까요?
- ❶ 좀뒤영벌
- ❷ 검보라맵시벌
- ❸ 참구멍벌
- ❹ 말총벌

8. 말벌 중 가장 큰 벌은 무엇일까요?

정답

68~69쪽

1. ② (1,000송이 정도예요.)
2. ① (침을 쏜 뒤 뽑을 때 내장이 딸려 나와 꿀벌은 곧 죽고 말지요.)
3. ○ (여왕벌의 방은 일벌이나 수벌의 방 여러 개를 합친 크기예요.)
4. ①, ② (땅벌과 호박벌은 땅속에 집을 지어요.)
5. ① (꿀은 천연 방부제라서 시간이 아무리 지나도 상하지 않아요.)
6. ② (여왕벌을 몸에 붙여 놓으면 꿀벌들이 몰려들어요.)
7. ② (고대 이집트 사람은 진흙으로 만든 벌통에 벌을 길렀어요.)

70~71쪽

1. 겹눈 2. ③ 3. ○ 4. ① 5. 로열젤리
6. ○ 7. ④ 8. 장수말벌 9. X (수벌은 혀가 퇴화해서 스스로 먹이를 구하지 못해요.)
10. ④ 11. 밀랍 12. ① 13. ① 14. ④